KREATIV.INSPIRATION.

Die Reihe für alle DIY-Fans und Handarbeitsbegeisterten, die tiefer in ein Thema oder eine Technik einsteigen wollen und die nach Inspiration suchen. Entdecken Sie die Ideenreihe mit einer großen Auswahl an originellen Projekten und Anleitungen. Lassen Sie sich inspirieren und werden Sie kreativ!

BACKMISCHUNGEN IM GLAS

BROT & BRÖTCHEN

BACKMISCHUNGEN IM GLAS BROT UND BRÖTCHEN

Leckere Geschenke schön verpackt

Wellness
LOW CARB
Brötchen
KRÄUTER
BRIOCHES
LECKER
MAUL
SCHNECKEN
GUTEN APPETIT!

iNHALT

LECKER
MAUL
SCHNECKEN

STOCKBROT

BACKMISCHUNGEN IM GLAS – DAS IDEALE GESCHENK!

Etwas selbst Gemachtes ist immer ein schönes Mitbringsel. Und warum nicht einmal eine Brotbackmischung verschenken? Mit einer schönen Verzierung und dem beigefügten Rezept zum Selberbacken wird aus einem Glas ein tolles Geschenk. Und ob der Beschenkte den Inhalt backt oder das gefüllte Glas als Dekoration verwendet, bleibt ihm selbst überlassen.

In diesem Buch finden Sie viele bezaubernde Ideen für Backmischungen im Glas. Ob saftiges Apfelbrot oder krosses Knäckebrot, ob Brötchen süß oder pikant: Für jeden ist hier das Richtige dabei. Lassen Sie sich von den kreativen Möglichkeiten überraschen. Und wenn Sie Lust haben, die Rezepte nicht nur zu verschenken, sondern selbst nachzubacken – dann tun Sie das einfach!

Wir wünschen Ihnen viel Freude beim Gläser befüllen, verschenken oder beim selbst Verkosten!

Anne Iburg

und

Susanne Pypke

Die Backrezepte und Vorlagen zu diesem Buch stehen im **TOPP Download-Center** unter **www.topp-kreativ.de/digibib** nach erfolgter Registrierung zum Ausdrucken bereit.
Den Freischaltcode finden Sie im Impressum.

GRUNDANLEITUNG

GRUNDANLEITUNG

Backmischungen einfüllen

Bevor Sie die Zutaten einfüllen, sollten Sie das Glas gründlich reinigen: Am besten vorher einmal in die Spülmaschine stellen.

Füllen Sie die Zutaten immer in der in der Anleitung vorgegebenen Reihenfolge ein. Grundsätzlich wird jede Schicht angedrückt, bevor die nächste eingefüllt wird. Dies tun Sie am besten mit dem Stößel eines Mörsers oder einem Kochlöffel. Klopfen Sie das Glas immer wieder vorsichtig auf die Arbeitsfläche, damit sich die Zutat gleichmäßig verteilt. Zum Schluss ebnen Sie den Rand mit dem Stielende eines Kochlöffels, damit saubere Übergänge möglich werden. Bevor Sie die nächste Zutat einfüllen, bietet es sich an, das Glas innen nochmals mit einem Stück Küchenpapier zu säubern. Gerade Mehl hinterlässt Spuren, die später als Schleier von außen zu sehen sind.

Achten Sie darauf, dass Sie die Zutaten stets bis zum oberen Rand des Glases einfüllen. So sorgen Sie dafür, dass der Inhalt des Glases zusätzlich auch durch den Deckel gestützt wird und sich die verschiedenen Schichten beim Transport nicht vermischen können.

Die Modelle sind in Schwierigkeitsgrade unterteilt:

●○○ – schnell und einfach

●●○ – braucht etwas länger

●●● – für Geübte

Haltbarkeit der Backmischung

Da die Backmischungen aus trockenen Zutaten bestehen, sind Sie in der Regel einige Zeit haltbar. Allerdings ist die Haltbarkeit abhängig von den jeweiligen Einzelzutaten, die sich im Glas befinden. Prüfen Sie, welche Haltbarkeitszeiten auf den Verpackungen angegeben sind, und orientieren Sie sich bei der Berechnung der Gesamthaltbarkeit an dem nächstliegenden Datum.

Die Gläser

In diesem Buch finden je nach Volumen der unterschiedlichen Backmischungen verschiedene WECK-Gläser Verwendung. Grundsätzlich können jedoch alle handelsüblichen Einmachgläser eingesetzt werden. Wichtig ist nur, dass die Gläser gut verschlossen werden können.

WECK

BROT

GAUMEN FEUER
KERNIGES KNUSPERBROT
FÜHL-GUT-BROT
PIKANTE BROT-SCHNECKE
Guten Appetit!

WÜRZIGES
Wickel
Brot
NUR FÜR DICH:
Genießerbrot
SONN
TAGS
STÜ
TEN
KERNIGES
APFELBROT

WICKELBROT

mit frischer Füllung

ZUTATEN

Für 1 Brot

Weck-Sturzglas (580 ml)

150 g Roggenmehl (Type 1150)

30 g gehackte Kürbiskerne

200 g Kamut-Vollkornmehl

1/2 Päckchen Trockenhefe

15 g getrockneter Sauerteig-extrakt

1 TL Salz

1 TL Zucker

FÜR DIE FÜLLUNG

65 g weiche Butter

50 g frisch gehackte Kräuter (z. B. Petersilie, Schnittlauch, Dill)

1/2 TL Salz

ZUM BACKEN

4 EL Rapsöl

200 ml warmes Wasser

100 ml warmes Bier

MATERIAL

Packpapier in Braun, A5

Klebefilm

Druckerpapier, A4

Gelschreiber in Weiß

Tonkarton in Weiß, A5

Metallöse in Silber, ø 5 mm

Jutekante in Natur, 1 cm breit, 90 cm lang

Satinband in Weiß, 6 mm breit, 15 cm lang

Stanzer „Blüte", ø 2,5 cm

Stanzer „Kreis", ø 3,75 cm

Abstandsklebepads, 2 mm stark

doppelseitiges Klebeband

VORLAGE

Seite 60

Einfüllen

Roggenmehl, Kürbiskerne, Kamut-Vollkornmehl, Trockenhefe, Sauerteigextrakt, Salz und Zucker nacheinander in das Glas einfüllen und die einzelnen Zutaten jeweils mit einem Kochlöffel andrücken. Das Glas verschließen und dann verzieren.

Für die Füllung weiche Butter schaumig rühren. Die fein gehackten Kräuter mit einer Gabel in die Butter drücken. Salzen und in ein separates Glas füllen.

Verzieren

1 Die Vorlage für den Anhänger auf Packpapier drucken. Dazu das Packpapier mit Klebefilm auf ein A4-Papier kleben und dieses in den Papierschacht des Druckers legen.

2 Die Ranken und den Schriftzug mit weißem Gelschreiber nachziehen. Das Motiv ausschneiden, auf weißen Tonkarton kleben und mit einem 3 mm breiten Rand ausschneiden. An der Markierung die Öse anbringen. Den Anhänger mit dem Jute- und Satinband um das Glas binden.

3 Für den Deckel einen Packpapierkreis (ø 7,5 cm) auf weißen Tonkarton kleben und mit 3 mm breitem Rand ausschneiden. Eine Blüte in den weißen Tonkarton stanzen, mit dem Kreisstanzer ausstanzen und mit Abstandsklebepads auf den Packpapierkreis kleben. Mittig auf den Glasdeckel kleben.

Backen

1 Die Backmischung mit Öl, Wasser und Bier verrühren und 3 Minuten kräftig schlagen. Den Teig mit den Händen etwa 10 Minuten kneten, dann zu einer Kugel formen und in eine bemehlte Schüssel legen. Zugedeckt etwa 3 Stunden warm ruhen lassen, bis sich das Volumen verdoppelt hat.

2 Den Teig zu einem Quadrat von 30 cm ausrollen. Die Füllung darauf streichen, dabei ringsum einen etwa 2 cm breiten Rand lassen. Den Teig aufrollen und mit der Naht nach unten auf ein mit Backpapier ausgelegtes Backblech setzen. Von oben im Abstand von 1 cm den Teig tief ein-, aber nicht durchschneiden. Die entstandenen Teigscheiben abwechselnd nach rechts und nach links auseinanderschieben. Das Brot zugedeckt etwa 2 Stunden warm ruhen lassen, bis sich das Volumen verdoppelt hat.

3 Den Backofen auf 200 °C vorheizen und auf der mittleren Schiene etwa 35 Minuten goldbraun backen. Auf einem Kuchengitter auskühlen lassen.

KERNIGES APFELBROT

fruchtig und frisch

ZUTATEN

Für 1 Brot

Weck-Sturzglas (850 ml)

100 g getrocknete Apfelringe (soft)

150 g Weizenmehl (Type 550)

150 g Roggenmehl (Type 1150)

15 g getrockneter Sauerteigextrakt

1/2 Päckchen Trockenbackhefe

50 g verschiedene Kerne, z. B. Sonnenblumen-, Pinien- und Kürbiskerne

1/2 TL gemahlener Koriander

2 TL Chiasamen

1/2 TL Salz

ZUM BACKEN

330 ml warmes Wasser

2 EL Wasser zu Bestreichen

MATERIAL

kleiner Apfel

Acrylfarbe in Hellgrün

Schreibpapier in Weiß, A4

dünner Graupapperest

Tonkartonrest in Hellgrün

Öse in Kupfer, ø 5 mm

Labelmaker mit Band in Schwarz, 9 mm breit

Satinband in Weiß, 3 mm breit, ca. 60 cm lang

Chiffonband in Grün, 2 cm breit, 50 cm lang

doppelseitiges Klebeband in Transparent

Einfüllen

Die Apfelringe klein schneiden. Beide Mehlsorten, Sauerteigextrakt und Trockenbackhefe sowie Kerne, Apfelstücke, Koriander, Chiasamen und Salz nacheinander in das Glas füllen und dabei die einzelnen Zutaten jeweils mit einem Kochlöffel andrücken. Das Glas verschließen und dann verzieren.

Verzieren

1 Den Apfel halbieren, eine Hälfte mit Acrylfarbe bemalen und auf das Schreibpapier drucken. Den Abdruck nach dem Trocknen mit einem schmalen weißen Rand ausschneiden.

2 Die Kontur des ausgeschnittenen Apfels auf der Graupappe anzeichnen und mit einem schmalen Rand ausschneiden. Den Stiel und den Blütenansatz frei mit der Hand aus dem grünen Tonkarton ausschneiden.

3 Stiel und Blütenansatz hinter den gestempelten Apfel und diesen auf den grauen Apfel kleben. Oben die Öse anbringen. Mit dem Labelmarker „Kerniges Apfelbrot" schreiben und die Label auf den Apfel kleben. Die Bänder mit doppelseitigem Klebeband um das Glas binden und den Apfel mit einer Schleife daran befestigen.

Backen

1 Die Backmischung mit lauwarmem Wasser mithilfe von Knethaken zu einem glatten Teig verarbeiten. Den Teig zugedeckt an einem warmen Ort so lange gehen lassen, bis er sich sichtbar vergrößert hat.

2 Eine Kastenform (20 x 11 cm) fetten. Backofen auf 180 °C vorheizen.

3 Den Teig in die Form geben und zugedeckt an einem warmen Ort so lange gehen lassen, bis er sich sichtbar vergrößert hat. Oberfläche mit Wasser bestreichen und auf mittlerer Schiene etwa 45 Minuten backen. Das Brot aus der Form lösen und auf einem Kuchenrost erkalten lassen.

WALNUSS-MARONEN-BROT

mit Vollkorn-Power

Einfüllen

Die drei Mehlsorten, Sauerteigextrakt und Trockenbackhefe sowie Salz, Zucker, Walnüsse und Maronen nacheinander in das Glas füllen und dabei die einzelnen Zutaten jeweils mit einem Kochlöffel andrücken. Das Glas verschließen und dann verzieren.

Verzieren

1 Mithilfe der Vorlage das Korkpapier zuschneiden. Das Kork-Oval auf das dunkle Schreibpapier kleben und mit der Zackenrandschere ausschneiden. Auf das helle Papier aufkleben und ebenso ausschneiden.

2 Aus dem dunklen Papier einen 3 cm breiten und 29,7 cm langen Streifen zuschneiden, mit Klebefilm um die Flasche kleben. Am Oval rechts und links eine Öse anbringen und das Oval mit dem Satinband um die Flasche binden.

3 Mit dem Labelmaker den Text schreiben und auf das Etikett kleben.

ZUTATEN

Für 1 Brot

Weck-Saftflasche (1 l)

200 g Kamut- oder Emerichvollkornmehl

250 g Roggenvollkornmehl

50 g Weizenmehl (Type 550)

15 g getrockneter Sauerteigextrakt

1/2 Päckchen Trockenhefe

1 TL Salz

2 EL Zucker

75 g grob gehackte Walnüsse

75 g gehackte gekochte Maronen

ZUM BACKEN

500 ml Buttermilch

MATERIAL

Korkpapier in Natur, A5

Schreibpapier in Mittelblau, A4

Zackenrandschere

Schreibpapier in Hellblau, A5

Klebefilm

2 Metallösen in Kupfer, ø 8 mm

Satinband in Grünblau, 7 mm breit, 50 cm lang

Labelmaker mit Band in Schwarz, 9 mm breit

VORLAGE

Seite 60

Backen

1 Die Backmischung mit erwärmter Buttermilch vermischen und mithilfe von Knethaken etwa 5 Minuten kneten. Den Teig an einem warmen Ort zugedeckt so lange gehen lassen, bis er sich sichtbar vergrößert hat.

2 Eine runde Brotform (ø 23 cm) fetten. Den Backofen auf 200 °C vorheizen. Den Teig in der Form glatt verstreichen und zugedeckt nochmal so lange gehen lassen, bis sich der Teig sichtbar vergrößert hat.

3 Das Brot etwa 40 Minuten auf der unteren Schiene backen. Herausnehmen, kurz in der Form stehen lassen, dann erst aus der Form lösen und auf einem Kuchenrost erkalten lassen.

WALNUSS
MARONEN
BROT

HARISSA-FOCACCIA

feurig scharfer Genuss

ZUTATEN

Für 8 Stück

Weck-Zylinderglas (600 ml)

325 g Weizenmehl (Type 405)

3 TL oder 3 EL getrocknetes Harissa

75 g Maisgrieß

1 Päckchen Trockenhefe

1 TL Zucker

1/2 TL Salz

ZUM BACKEN

220 ml lauwarmes Wasser

3 EL Olivenöl

1 geh. EL Schwarzkümmel

100 g gehobelter Parmesan

MATERIAL

Bakers Twine in Rot-Weiß, 20 cm lang

Geschenkanhänger, rund mit Wellenrand, in Weiß, ø 3 cm

Siegelwachs in Rot

Metallknopf, ø 1,5–2 cm

Schreibpapier in Rot, A4

Papierrest in Grün

Buchstaben-Stempelset, 1,2 cm hoch

Stempelkissen in Weiß

VORLAGE

Seite 60

Einfüllen

Nacheinander 85 g Mehl, 1,5 EL Harissa, 80 g Mehl, 35 g Maisgrieß, 80 g Mehl, 1,5 EL Harissa und 80 g Mehl einfüllen. Hefe, Zucker und Salz hinzufügen und mit 40 g Maisgrieß abschließen. Die einzelnen Zutaten jeweils mit einem Kochlöffel andrücken. Das Glas verschließen und dann verzieren. Wer das Brot etwas milder möchte, füllt statt jeweils 1,5 EL Harissa jeweils 1,5 TL der Würzmischung ein.

Verzieren

1 Das Bakers Twine doppelt legen und auf dem Geschenkanhänger platzieren. Das Siegelwachs darüber schmelzen. Den Metallknopf in das geschmolzene Wachs eindrücken und wieder abnehmen.

2 Mithilfe der Vorlage zwei Chilischoten aus den Papierresten ausschneiden und zusammenkleben. An die Fadenenden des Anhängers kleben.

3 Aus dem roten Papier einen 2,5 cm breiten und 23 cm langen Streifen ausschneiden. Den Text aufstempeln. Die Banderole um die Flasche kleben und den Anhänger darauf anbringen.

Backen

1 Wasser und Olivenöl zur Backmischung geben und alles mit Knethaken in etwa 5 Minuten zu einem glatten Teig verarbeiten. Teig zugedeckt an einem warmen Ort so lange gehen lassen, bis er sich sichtbar vergrößert hat.

2 Den Backofen auf 180 °C vorheizen. Den Teig auf einem mit Backpapier ausgelegten Backblech (40 x 30 cm) ausrollen. Gleichmäßig mit Parmesan und Kreuzkümmel bestreuen. Teig nochmals an einem warmen Ort so lange gehen lassen, bis er sich sichtbar vergrößert hat.

3 Mit einer Teigkarte die Teigplatte in 8 gleich große Stücke einteilen und auf mittlerer Schiene ca. 25 Minuten backen.

PIKANTE BROT-SCHNECKE

mit mediterraner Füllung

Einfüllen

Nacheinander 100 g Weizenmehl, 25 g Hanfmehl, 100 g Weizenmehl und wieder 25 g Hanfmehl einfüllen. Hefe, Zucker und Salz zugeben und mit 100 g Weizenmehl abschließen. Die einzelnen Zutaten jeweils mit einem Kochlöffel andrücken. Das Glas verschließen und dann verzieren.

Für die Füllung Tomaten grob hacken. Frühlingszwiebeln waschen, putzen und in Ringe schneiden. Beides zusammen mit den Chiliflocken unter den Frischkäse rühren und in ein separates Glas füllen.

ZUTATEN

Für 1 Brot

- Weck-Saftflasche (500 ml)
- 300 g Weizenmehl (Type 405)
- 50 g Hanfmehl
- 1 Päckchen Trockenhefe
- 1 TL Zucker
- 1 TL Salz

FÜR DIE FÜLLUNG

- 100 g getrocknete Tomaten in Öl
- 2 Frühlingszwiebeln
- 200 g Doppelrahmfrischkäse
- 1/2 TL Chiliflocken

ZUM BACKEN

- 200 ml Wasser
- 4 EL Olivenöl

MATERIAL

- Designpapier in Hellblau mit roten Punkten, 3 cm x 26 cm
- Vichykaropapier in Hellblau-Weiß, 5 cm x 5 cm
- Vichykaropapierrest in Hellblau-Weiß
- Buchstaben-Stempelset, 1,2 cm hoch
- Stempelkissen in Rot
- Schreibpapier in Rot, 5,5 cm x 5,5 cm
- Satinband in Rot, 1 cm breit, 35 cm lang
- Faden in Rot
- Stanzer „Blume“, ø 1,5 cm
- Bürolocher

Verzieren

1 Den Designpapierstreifen um das Glas kleben. Das karierte Papier auf den oberen zwei Dritteln bestempeln und auf das rote Papier kleben.

2 Für die Schleife ein 3 cm langes Stück Satinband abschneiden. Das restliche Band doppelt legen. 3 cm vom doppelt gelegten Ende entfernt mit dem Faden abbinden, sodass eine Schlaufe entsteht. Die Schlaufe flach auf das Band drücken, sodass sie mittig über der abgebundenen Stelle liegt. Das 3 cm lange Bandstück mittig umlegen und die Enden auf der Rückseite festkleben.

3 Das Textschild und die Schleife auf der Banderole anbringen. Ein paar Blumen aus den Papierresten ausstanzen, mittig je einen mit dem Bürolocher ausgestanzten Kreis aufkleben. Auf das Glas kleben.

Backen

1 Wasser und Olivenöl zur Backmischung geben. Mithilfe von Knethaken in etwa 5 Minuten zu einem Teig verarbeiten. Den Teig an einem warmen Ort zugedeckt so lange gehen lassen, bis er sich sichtbar vergrößert hat.

2 Den Teig zu einem Rechteck (30 cm x 40 cm) ausrollen. Die Füllung darauf verstreichen. Den Teig zu einer Rolle aufrollen und dann als Schnecke auf ein mit Backpapier ausgelegtes Backblech setzen.

3 Den Backofen auf etwa 200 °C vorheizen. Das Brot etwa 35 Minuten auf der unteren Schiene backen. Herausnehmen und auf einem Kuchenrost erkalten lassen.

MEDITERRANES ZUPFBROT

mit Tomaten und Oliven

ZUTATEN

Für 1 Brot

Weck-Schmuckglas (560 ml)

250 g Weizenmehl (Type 405)

15 g Weizenkleie

125 g Weizenvollkornmehl

1 Päckchen Trockenhefe

1 Prise Zucker

1/2 TL Salz

FÜR DIE FÜLLUNG

80 g getrocknete Tomaten in Öl

80 g entsteinte schwarze Oliven

1/2 Bund frisches Basilikum

50 g Frischkäse

ZUM BACKEN

250 ml Wasser

2 EL Olivenöl

MATERIAL

Motivkarton Vichykaro in Rot-Weiß, A5

Geschenkanhänger, rund mit Wellenrand, in Weiß, ø 5 cm

Schreibpapier in Weiß, A4

feiner Filzstift in Rot

Lochzange

Bakers Twine in Rot-Weiß

VORLAGE

Seite 60

Einfüllen

Nacheinander 125 g Weizenmehl, 15 g Kleie, 125 g Weizenvollkornmehl, Hefe, Zucker, und Salz in das Glas geben. Mit 125 g Weizenmehl abschließen. Die einzelnen Zutaten mit einem Kochlöffel andrücken. Das Glas verschließen und dann verzieren.

Tomaten und Oliven grob hacken. Basilikumblätter von den Stängeln zupfen, waschen, trockentupfen und in feine Streifen schneiden. Alles mit dem Frischkäse verrühren und in ein separates Glas füllen.

Verzieren

1 Aus dem Motivkarton je einen Kreis mit 4,5 cm und mit 6 cm Durchmesser ausschneiden. Den kleinen Kreis auf den Anhänger kleben.

2 Die Vorlage auf das weiße Papier drucken. Den Text mit dem roten Filzstift nachziehen. Den Kreis ausschneiden und auf den Anhänger kleben.

3 Den Anhänger lochen und mit dem Bakers Twine um das Glas knoten. Den großen Karokreis oben auf den Deckel kleben.

Backen

1 Die Backmischung mit Wasser und Olivenöl zu einem Teig verkneten. Den Teig an einem warmen Ort zugedeckt so lange gehen lassen, bis er sich sichtbar vergrößert hat.

2 Den Teig zu einem Rechteck 30 cm x 40 cm aufrollen. Die Füllung darauf verstreichen. Den Teig in 7 cm große Quadrate schneiden. Diese auf der Arbeitsfläche in Stapel von je 5 Scheiben aufschichten. Die Teigstapel anschließend senkrecht in einer Kastenform (25 cm x 11 cm) aneinanderstellen, sodass die Form ausgefüllt wird. Erneut gehen lassen.

3 Den Backofen auf 200 °C vorheizen. Das Brot etwa 35 Minuten auf der unteren Schiene backen. Herausnehmen und auf einem Kuchenrost erkalten lassen.

LANDBROT

fein gewürzt

ZUTATEN

Für 1 Brot

Weck-Sturzglas (850 ml)

200 g Dinkelvollkornmehl

200 g Weizenmehl (Type 550)

150 g Roggenmehl (Type 1150)

1 Päckchen Trockenhefe

1 TL Salz

1 TL Zucker

1 TL Brotgewürz (Koriander, Anis, Kümmel und Fenchel)

ZUM BACKEN

350 ml lauwarmes Wasser

MATERIAL

Packpapier, A5

Klebefilm

Schreibpapier in Weiß, A4

Gelschreiber in Weiß

Washi-Tape in Grün-Weiß gemustert

Tonkartonrest in Hellgrün

Zackenrandschere

Metallöse in Silber, ø 5 mm

Satinband in Hellgrün, 4 mm breit, 50 cm lang

VORLAGE

Seite 60

Einfüllen

Nacheinander das Dinkelvollkornmehl, das Weizenmehl und das Roggenmehl in das Glas füllen. Mit Trockenhefe, Salz und Zucker sowie Brotgewürz abschließen. Dabei die einzelnen Zutaten jeweils mit einem Kochlöffel andrücken. Das Glas verschließen und dann verzieren.

Verzieren

1 Die Vorlage für den Anhänger auf Packpapier drucken. Dazu das Packpapier mit Klebefilm auf ein A4-Papier kleben und dieses in den Papierschacht des Druckers legen.

2 Den Text auf dem Packpapier mit dem Gelschreiber nachschreiben und den Kreis durch beide Papierlagen ausschneiden. Aus dem Packpapier den Textstreifen ausschneiden.

3 Den Papierkreis mit dem Washi-Tape bekleben, dann den Textstreifen mittig aufkleben. Den Kreis auf weißes Schreibpapier aufkleben und mit einem schmalen Rand ausschneiden. Anschließend auf den grünen Tonkarton aufkleben und mit der Zackenrandschere ausschneiden.

4 Eine Öse einschlagen und den Anhänger mit dem Satinband um das Glas binden.

Backen

1 Die Backmischung mit dem Wasser zu einem Teig verkneten. Den Teig zugedeckt an einem warmen Ort so lange gehen lassen, bis er sich sichtbar vergrößert hat.

2 Den Teig auf einer bemehlten Arbeitsfläche gut durchkneten und nochmals zugedeckt so lange gehen lassen, bis er sich sichtbar vergrößert hat. Backblech mit Backpapier belegen.

3 Den Backofen auf 200 °C vorheizen. Teig nochmals gut durchkneten und zu einem großen runden Laib formen, auf das Backblech legen und zugedeckt so lange gehen lassen, bis er sich sichtbar vergrößert hat.

4 Den Brotlaib mit Wasser bestreichen, mit etwas Mehl bestreuen, dekorativ mit einem Messer einschneiden und ca. 30 Minuten backen.

NUR FÜR DICH:
Genießerbrot

ROSINEN-BUTTER-STUTEN

himmlisches
Frühstücksbrot

ZUTATEN

Für 1 Brot

Weck-Saftflasche (500 ml)

250 g Weizenmehl (Type 405)

30 g Haferkleie

1 Päckchen Trockenhefe

2 TL Zucker

1/4 TL Salz

100 g Rosinen

ZUM BACKEN

130 ml Milch

30 g Butter

1 Ei

MATERIAL

Mini-Tüte aus Kraftpapier, 8,5 cm x 6,3 cm

Buchstaben-Stempelset, 1,2 cm hoch

Embossing-Stempelkissen in Farblos

Embossing-Pulver in Gold

Washi-Tape in Gold und Gold-Weiß gestreift

Webband in Natur, 1 cm breit, ca. 50 cm lang

Foldback-Klammer in Gold, 1,5 cm breit

Einfüllen

Mehl, Haferkleie, Trockenhefe, Zucker und Salz sowie Rosinen nacheinander in das Glas füllen und dabei die einzelnen Zutaten jeweils mit einem Kochlöffel andrücken. Das Glas verschließen und dann verzieren.

Verzieren

1 Die Tüte schließen und unterhalb der Klappe die Position der Textzeilen mit Bleistift markieren. Den Text aufstempeln, das Embossing-Pulver auf die noch feuchte Stempelfarbe streuen und überschüssiges Pulver abklopfen. Über dem Toaster erhitzen, bis das Pulver schmilzt.

2 Die Bleistiftlinien ausradieren. Den Text unten und an den Seiten mit dem gestreiften Washi-Tape rahmen, die Klappe mit Washi-Tape in Gold bekleben. Nach Wunsch das Backrezept oder einen kleinen Gruß in die Tüte geben.

3 Das Webband um die Flasche knoten und den Anhänger mit der Foldback-Klammer anbringen.

Backen

1 Die Milch erwärmen und die Butter darin zerlassen. Zusammen mit dem Ei zur Backmischung geben. Mithilfe von Knethaken zu einem glatten Teig verarbeiten. Den Teig zugedeckt so lange an einem warmen Ort gehen lassen, bis er sich sichtbar vergrößert hat.

2 Eine Kastenform (20 cm x 11 cm) fetten und mehlen. Teig noch einmal gut durchkneten und zu einer 20 cm langen Rolle formen. Den Teig in die Kastenform geben und zugedeckt so lange gehen lassen, bis er sich sichtbar vergrößert hat.

3 Den Teig mit Milch bestreichen und der Länge nach etwa 4 cm tief einschneiden. Im auf 200 °C vorgeheizten Backofen auf unterer Schiene ca. 40 Minuten backen. Den fertigen Rosinen-Stuten etwa 10 Minuten auf einem Kuchengitter stehen lassen. Dann mit einem Messer lösen, aus der Form stürzen und erkalten lassen.

CHIA-SONNENBLUMEN-AMARANTH-BROT

gibt volle Vital-Power

ZUTATEN

Für 1 Brot

WECK-Saftflasche (1 l)

300 g Dinkelvollkornmehl

25 g Amaranth, gepoppt

70 g Sonnenblumenkerne

100 g Dinkelmehl (Type 630)

1 Päckchen Weinsteinbackpulver

1 TL Salz

1/4 TL Brotgewürz

3 EL Chiasamen

ZUM BACKEN

400 ml Wasser

MATERIAL

Schreibpapier in Gelb, A4

Klebefilm

Druckerpapier in Weiß, A4

Tonkartonrest in Dunkelgelb

Gelschreiber in Weiß

Stoffband in Gelb, 2,5 cm breit, 20 cm lang

VORLAGE

Seite 60

Einfüllen

Nacheinander 100 g Dinkelvollkornmehl, 15 g Amaranth, 100 g Dinkelvollkornmehl, 10 g Amaranth und 100 g Dinkelvollkornmehl in das Glas füllen. Sonnenblumenkerne, 50 g Dinkelmehl, Backpulver, Salz und Brotgewürz darauf geben und mit Chiasamen und 50 g Dinkelmehl abschließen. Dabei die einzelnen Zutaten jeweils mit einem Kochlöffel andrücken. Das Glas verschließen und dann verzieren.

Verzieren

1 Einen 8 cm breiten und 20 cm langen Streifen des Schreibpapiers abschneiden und in 1 cm breite Ziehharmonikafalten legen. Den gefalteten Stapel rechts und links mit der Schere schräg abschneiden. Mittig falten, die Seiten zur Rosette auffächern und mit Klebefilm zusammenkleben.

2 Das Label ausdrucken, ausschneiden, auf den Tonkarton kleben und mit schmalem Rand ausschneiden. Das Label mittig auf die Rosette kleben. Zwei 2 cm breite und 6 cm lange Papierstreifen an einem Ende v-förmig einschneiden, mit dem Gelstift kleine Punkte aufmalen und die Streifen unten hinter die Rosette kleben.

3 Das Stoffband um den Flaschenhals kleben und die Rosette aufkleben.

Backen

1 Die Backmischung mit Wasser mithilfe von Knethaken zu einem Teig verarbeiten.

2 Backofen auf 200 °C vorheizen. Den Teig in eine eingefettete und bemehlte Kastenform (30 cm x 15 cm) geben.

3 Den Brotlaib ca. 45 Minuten auf unterer Schiene backen und anschließend auf einem Kuchenrost erkalten lassen.

ROGGENKNÄCKEBROT

kernig und knusprig

ZUTATEN

Für 20 Scheiben

Weck-Zylinderglas (600 ml)

100 g Roggenmehl (Type 1150)

100 g feine Haferflocken

80 g Sesam

25 g gehackte Sonnenblumenkerne

25 g gehackte Kürbiskerne

1 TL Salz

1 TL Koriander

ZUM BACKEN

3 EL Rapsöl

300 ml Wasser

MATERIAL

Geschenkanhänger in Weiß, 9,5 cm x 6 cm

Washi-Tape in Blau-Weiß gestreift

Buchstaben-Stempelset, 1,2 mm hoch

Stempelkissen in Pink und Grün

Klebepunkte in Bunt, ø 1–1,5 cm

Baumwollschnur in Beige, ca. 40 cm lang

Einfüllen

Mehl, Haferflocken, Sesam, Sonnenblumenkerne und Kürbiskerne, Salz und Koriander nacheinander in das Glas füllen und dabei die einzelnen Zutaten jeweils mit einem Kochlöffel andrücken. Das Glas verschließen und dann verzieren.

Verzieren

1 Den Geschenkanhänger entlang der Längskanten mit dem Washi-Tape bekleben. Dann den Text auf den weißen Bereich dazwischen Stempeln.

2 Das Glas nach Belieben mit den bunten Punkten bekleben und den Anhänger mit der Baumwollschnur an das Glas binden.

Backen

1 Die Backmischung in einer Rührschüssel mit Öl und Wasser vermischen. Dann 1 Stunde kaltstellen und quellen lassen.

2 Die Masse dünn auf ein mit Backpapier ausgelegtes Blech streichen. Bei 200 °C Ober-/Unterhitze etwa 15 Minuten backen. Aus dem Ofen nehmen und die „Sollbruchstellen" vorschneiden.

3 Die Backtemperatur auf 175 °C absenken und je nach Dicke 30–45 Minuten fertig backen. Auseinander brechen und auskühlen lassen.

KERNIGES
KNUSPERBROT

STOCKBROT

fürs Lagerfeuer

ZUTATEN

Für 15 kleine Brote

WECK-Sturzglas (580 ml)

350 g Weizenmehl (Type 550)

3 TL getrocknete Kräuter der Provence

1 TL Chiliflocken

1/4 TL Salz

1 Prise Zucker

1/2 Päckchen Trockenhefe

ZUM BACKEN

250 ml lauwarmes Wasser

3 EL Olivenöl

Haselnussstöcke aus dem Garten

MATERIAL

Lederpapierrest in Hellbraun

Buchstaben-Stempelset, 1,2 cm hoch

Stempelkissen in Türkis

Lochzange, ø 2 mm

3 Federn, 2 x in Türkis, 1 x in Weiß

Stickgarn in Beige

Rocailles in Hellblau, Rot, Weiß und Gelb, ca. ø 4 mm

Holzperlen in Natur, ca. ø 6 mm

Klebefilm

VORLAGE

Seite 60

Einfüllen

Mehl mit Kräutern, Chiliflocken, Salz, Zucker und Hefe vermengen und in das Glas füllen. Dabei die Mischung mit einem Kochlöffel andrücken. Das Glas verschließen und dann verzieren.

Verzieren

1 Für den Textanhänger das Wort „Stockbrot" auf das Lederpapier stempeln und mithilfe der Vorlage ausschneiden. Rechts und links ein Loch einstanzen.

2 Die Federn auf die gewünschte Länge kürzen. Ein Stück Stickgarn zur Schlaufe legen und als Aufhängung oben am Schaft der Feder festkleben. Den Schaft mit der Schlaufe etwa 1 cm breit mit Stickgarn umwickeln. Die Enden verknoten und abschneiden.

3 Das Textschild, die Perlen und die Federn auf das Stickgarn aufziehen und um das Glas binden. Das Schild mit Klebefilm fixieren.

Backen

1 Die Backmischung mit Wasser und Öl vermischen. Dann an einem warmen Ort gehen lassen.

2 In der Zwischenzeit etwa 80 cm lange Haselnussstöcke schneiden. Die Stöcke sollten gerade und frei von Ästen sein.

3 Den Teig erneut kneten und in 15 Portionen teilen. Die Teigstücke zu Rollen formen und diese um das vordere Teil des Stockes wickeln.

4 Den Teig über der Glut des Lagerfeuers unter ständigem Drehen ca. 5–10 Minuten backen. Das Brot ist fertig, wenn es sich leicht vom Stock abziehen lässt.

STOCKBROT

ZWIEBEL
HASELNUSS
STANGEN
GUTER START
VITAL-KANTEN
IN DEN TAG!
Müsli-
Stangen
Guten
Morgen!
GUTE-LAUNE-
Brötchen

BRÖTCHEN

Wellness
LOW CARB
Brötchen
KRAUTER
BRIOCHES
MAUL
SCHNECKEN
GUTEN APPETIT!

SCHOKO-MILCHBRÖTCHEN

warm und kalt ein Genuss

ZUTATEN

Für 10 Stück

Weck-Schmuckglas (560 ml)

240 g Weizenmehl (Type 405)

1/2 Päckchen Trockenhefe

1 Prise Salz

30 g Zucker

75 g Vollmilch-Schokoladen-Drops (backstabil)

50 g Haferflocken

ZUM BACKEN

125 ml Milch

30 g Butter

100 g Naturjoghurt

MATERIAL

Designpapier in Weiß-Grün mit Herzen, A4

Schreibpapierrest in Weiß

Zackenrandschere

Satinband in Hellgrün und Grün, 3 mm breit, je ca. 50 cm lang

Schaschlikstäbchen

Satinband in Weiß, 3 mm breit, ca. 25 cm lang

VORLAGE

Seite 60

Einfüllen

Zuerst das Mehl bis auf einen EL, dann Trockenhefe, Salz und Zucker ins Glas geben und dabei die einzelnen Zutaten jeweils mit einem Kochlöffel andrücken. Dann die Schokoladen-Drops hinzufügen, auf diese die Haferflocken geben und mit 1 EL Mehl abschließen. Das Glas verschließen und verzieren.

Verzieren

1 Die Vorlage für den Wimpel auf das Designpapier drucken und ausschneiden. Die Form auf das weiße Schreibpapier übertragen und rundum mit etwas Zugabe mit der Zackenrandschere ausschneiden.

2 An den drei Ecken unten jeweils zwei kurze hellgrüne Bandstücke hinter den gemusterten Wimpel kleben, dann den Wimpel auf den weißen Wimpel kleben.

3 Das Schaschlikstäbchen auf 9,5 cm Länge kürzen und den Wimpel mit dem oberen Ende etwa 1 cm weit um den Stab kleben. Ein hellgrünes und ein grünes Bandstück rechts und links als Aufhängung anknoten. Den Wimpel mit den restlichen Bandstücken an einer Metallklemme des Glasverschlusses festbinden.

Backen

1 Die Milch erwärmen und die Butter darin schmelzen lassen, den Joghurt unterrühren. Die Backmischung dazugeben, erst mit einem Kochlöffel unterrühren, dann mit den Händen zu einen Teig verkneten. Diesen an einem warmen Ort gehen lassen, bis sich das Volumen verdoppelt hat.

2 Mit 2 Esslöffeln vom Teig kleine Portionen (etwas größer als ein Ei) abnehmen und auf ein mit Backpapier ausgelegtes Blech setzen. Mit Milch bestreichen.

3 Auf mittlerer Schiene im vorgeheizten Backofen bei 180 °C backen. Nach etwa 20 Minuten herausnehmen. Sofort noch einmal mit Milch bestreichen, etwas abkühlen lassen und lauwarm oder ausgekühlt genießen.

MÜSLI-STANGEN

delikate Leckereien für Zwischendurch

ZUTATEN

Für 7 Stück

Weck-Sturzglas (850 ml)

250 g Weizenmehl (Type 550)

160 g Früchtemüsli (ohne Zuckerzusatz)

1 Päckchen Trockenhefe

1 EL Zucker

1/2 TL Salz

ZUM BACKEN

120 ml Milch

75 g Butter

50 g Quark

1 Ei

MATERIAL

Korkpapier, selbstklebend, 7 cm x 8 cm

Tafelfolie, selbstklebend, in Schwarz, 7 cm x 8 cm

Kreidemarker in Weiß

Satinband in Hellbraun, 1 cm breit, 50 cm lang

VORLAGE

Seite 61

Einfüllen

125 g Mehl, 80 g Müsli, 125 g Mehl, Hefe, Zucker, Salz und wieder 80 g Müsli nacheinander in das Glas füllen und dabei die einzelnen Zutaten jeweils mit einem Kochlöffel andrücken. Das Glas verschließen und verzieren.

Verzieren

1 Das Etikett mithilfe der Vorlage ausschneiden: Die äußere Form aus Korkpapier, die innere Form aus Tafelfolie.

2 Die Tafelfolie auf das Korkpapier kleben. Anschließend den Text mit dem Kreidemarker auf das Etikett schreiben.

3 Das Satinband um das Glas knoten. Das Etikett leicht schräg über dem Band auf dem Glas aufbringen und vorsichtig andrücken, damit die Kreidefarbe nicht verwischt.

Backen

1 Die Milch erwärmen und die Butter darin schmelzen lassen. Das Milchgemisch, Quark und Ei zur Backmischung geben, erst mit einem Kochlöffel unterrühren, dann mit den Händen zu einen Teig verkneten. Diesen an einem warmen Ort gehen lassen, bis sich sein Volumen verdoppelt hat.

2 Den Teig in 7 Portionen teilen, zu Stangen formen und auf ein mit Backpapier ausgelegtes Blech setzen. Mit einem Messer tiefe Furchen einschneiden und erneut gehen lassen.

3 Auf mittlerer Schiene im vorgeheizten Backofen bei 180 °C etwa 20 Minuten goldbraun backen. Nach Belieben die Müslistangen vor dem Backen in Milch und danach in Haferflocken wenden.

Müsli-
Stangen

KRÄUTER-BRIOCHES

französische Kleinigkeiten

ZUTATEN

Für 18 Stück

Weck-Saftflasche (500 ml)

180 g Dinkelmehl (Type 603)

8 g getrocknete Salatkräuter

100 g Dinkelvollkornmehl

1/2 Päckchen Trockenhefe

1 TL Zucker

1/2 TL Salz

ZUM BACKEN

120 ml Milch

90 g Butter

1 Ei

MATERIAL

Korkplatte, 2–3 mm stark, 10 cm x 6 cm

Lochzange

Permanentmarker in Schwarz

Labelmaker mit Band in Schwarz, 9 mm breit

Stickgarn in Kupfer

Holzknopf in Natur, ø 1,5 cm

VORLAGE

Seite 61

Einfüllen

Nacheinander 100 g Dinkelmehl, 4 g Kräuter, 50 g Dinkelvollkornmehl, 4 g Kräuter und 80 g Dinkelmehl in das Glas füllen. Hefe, Zucker und Salz hineingeben und mit 50 g Dinkelvollkornmehl abschließen. Dabei die einzelnen Zutaten jeweils mit einem Kochlöffel andrücken. Das Glas verschließen und verzieren.

Verzieren

1 Den Anhänger mithilfe der Vorlage aus Kork ausschneiden und das Loch einstanzen.

2 Mit dem Permanentmarker 2 mm vom Rand entfernt eine feine Linie aufmalen. 1–2 mm innerhalb der Linie eine Strichlinie ergänzen.

3 Mit dem Labelmaker den Text schreiben und schräg auf den Anhänger kleben.

4 Das Stickgarn mehrmals um den Flaschenhals wickeln. Den Anhänger und den Knopf auf die Enden fädeln und diese fest miteinander verknoten.

Backen

1 Die Backmischung mit erwärmter Milch und Butter mithilfe von Knethaken zu einem Teig kneten. Den Teig an einem warmen Ort zugedeckt so lange gehen lassen, bis er sich sichtbar vergrößert hat.

2 Ein Muffinblech fetten. Backofen auf 180 °C vorheizen. Den Teig in 18 große und 18 kleine Kugeln formen. Die kleinen Kugeln etwas spitzer zu Tropfen formen. Die großen Kugeln im Blech platzieren.

3 In jede Teigkugel in der Form mit dem Finger ein Loch bis zum Boden eindrücken. Ei verschlagen, Teigstücke damit bestreichen. Die kleinen Teigtropfen mit der Spitze nach unten einsetzen und andrücken. Die Brioches zugedeckt nochmals so lange gehen lassen, bis sie sich sichtbar vergrößert haben.

4 Auf mittlerer Schiene ca. 20 Minuten backen. Herausnehmen und auf einem Kuchengitter auskühlen lassen.

EIWEISS-FITNESS-BRÖTCHEN

für einen gesunden Start in den Tag

ZUTATEN

Für 8 Stück

Weck-Sturzglas (580 ml)

200 g Dinkelmehl (Type 630)

3 EL Leinsamen

1 TL Backpulver

1/4 TL Natron

1/2 TL Salz

50 g Weizenkleie

ZUM BACKEN

300 g Magerquark

1 Ei

MATERIAL

Schreibpapierrest in Grün

Cardstockpapierrest in Blau

feiner Filzstift in Grün

Buntstift in Grün

Buchstaben-Stempelset, 1,2 cm hoch

Stempelkissen in Jeansblau

Webband in Blau-Weiß gestreift, 1 cm breit, 30 cm lang

doppelseitiges Klebeband

VORLAGE

Seite 61

Einfüllen

Nacheinander 100 g Dinkelmehl, Leinsamen, 50 g Dinkelmehl, Backpulver, Natron, Salz, 25 g Kleie, 50 g Dinkelmehl und 25 g Kleie in das Glas füllen. Dabei die einzelnen Zutaten jeweils mit einem Kochlöffel andrücken. Das Glas verschließen und verzieren.

Verzieren

1 Das kleine Banner aus dem grünen, das große aus dem blauen Papier ausschneiden.

2 Die Innenlinien auf dem grünen Banner mit Filzstift aufmalen und mit Buntstift schattieren. Den Text aufstempeln und trocknen lassen.

3 Die Banner aufeinander kleben. Das Webband und das fertige Banner mit doppelseitigem Klebeband auf dem Glas anbringen.

Backen

1 Die Backmischung mit Quark und Ei erst mit einem Kochlöffel, dann mit den Händen zu einen Teig verkneten.

2 Mit feuchten Händen Brötchen formen und auf ein mit Backpapier ausgelegtes Blech setzen.

3 Auf mittlerer Schiene im vorgeheizten Backofen bei 190 °C backen. Nach etwa 25 Minuten herausnehmen und auskühlen lassen.

LOW-CARB-BRÖTCHEN MIT KOKOSMEHL

bewusst genießen

ZUTATEN

Für 10 Stück

Weck-Schmuckglas (560 ml)

180 g Kichererbsenmehl

50 g Leinsamen

10 g Chiasamen

50 g Haferkleie

75 g Kokosmehl

1 Päckchen Weinstein-Backpulver

1 TL Salz

ZUM BACKEN

100 g Hüttenkäse

100 g Speisequark

5 Eier

1 EL Apfelessig

MATERIAL

Washi-Tape in Grün, Pink, Hellblau und Neongelb, uni und gemustert

Bakers Twine in Blau-Weiß, 80 cm lang

Filstift in Blau

Geschenkanhänger, rund mit Wellenrand, in Weiß, ø 5 cm

Druckerpapier in Weiß, A4

Labelmaker mit Band in Schwarz, 9 mm breit

Bürolocher

VORLAGE

Seite 61

Einfüllen

Kichererbsenmehl, Leinsamen, Chiasamen, Haferkleie, Kokosmehl, Backpulver und Salz nacheinander in das Glas füllen und dabei die einzelnen Zutaten jeweils mit einem Kochlöffel andrücken. Das Glas verschließen und verzieren.

Verzieren

1 Das Washi-Tape in etwa 4 cm lange Stücke reißen und farblich im Wechsel um das Bakers Twine kleben. Dabei an beiden Enden etwa 10 cm des Garns frei lassen. Das Washi-Tape nach Belieben in Form schneiden.

2 Mit dem Filzstift Punkte rund um den Anhänger auftupfen. Das Textfeld auf weißes Druckerpapier drucken und ausschneiden. Mit dem Labelmaler „low carb“ schreiben und das Label zusammen mit dem Textfeld auf den Anhänger kleben.

3 Die Kette zweimal um das Glas schlingen und verknoten. Den Anhänger oben lochen und am Knoten festbinden.

Backen

1 Die Backmischung mit Hüttenkäse, Quark, Eiern und Apfelessig mit einem Kochlöffel, dann mit den Händen, zu einem Teig verkneten.

2 Mit feuchten Händen 10 Brötchen formen und auf ein mit Backpapier ausgelegtes Blech setzen.

3 Auf mittlerer Schiene im vorgeheizten Backofen bei 200 °C etwa 20 Minuten backen.

GUTER START
VITAL-KANTEN
IN DEN TAG!

ViTAL-KANTEN

mit Sesam, Mohn und Leinsamen

ZUTATEN

Für 8 Stück

Weck-Saftflasche (500 ml)

200 g Weizenmehl (Type 550)

15 g Quinoa, gepoppt

100 g Weizenvollkornmehl

1/2 Päckchen Trockenhefe

1 TL Zucker

1/2 TL Salz

je 10 g Mohn, Leinsamen, Sesam

ZUM BACKEN

350 g Naturjoghurt

Sesam zum Bestreuen

MATERIAL

Druckerpapier in Weiß, A4

Papierrest in Hellgrau

Cutter und Schneideunterlage

Cardstockpapier in Limettengrün

Geschenkanhänger, rund mit Wellenrand, in Weiß, ø 7 cm

Satinband in Grau, 1 cm breit, 40 cm lang

Foldback-Klammer in Gold, 1,5 cm breit

VORLAGE

Seite 61

Einfüllen

Nacheinander 100 g Weizenmehl, 10 g Quinoa, 50 g Weizenvollkornmehl, 5 g Quinoa, 50 g Weizenmehl, Hefe, Zucker und Salz in das Glas füllen. Anschließend Mohn, 50 g Weizenvollkornmehl, Leinsamen, 25 g Weizenmehl, Sesam und nochmals 25 g Weizenmehl einfüllen. Dabei die einzelnen Zutaten jeweils mit einem Kochlöffel andrücken. Das Glas verschließen und verzieren.

Verzieren

1 Die Vorlage am Computer auf das weiße Papier ausdrucken und ausschneiden. Auf das hellgraue Papier aufkleben und rundum mit einem 1–2 mm breiten Rand ausschneiden. Die Innenseiten mit dem Cutter ausschneiden.

2 Aus dem limettengrünen Papier einen Kreis mit ø 6,5 cm ausschneiden. Geschenkanhänger, Kreis und Textschild aufeinander kleben und mit Band und Klammer an der Flasche anbringen.

Backen

1 Die Backmischung mit Joghurt mit einem Kochlöffel verrühren, dann mit den Händen zu einem Teig verkneten. Das Ganze an einem warmen Ort gehen lassen, bis sich das Volumen sichtbar vergrößert hat.

2 Mit feuchten Händen Brötchen formen und auf ein mit Backpapier ausgelegtes Blech setzen. Erneut gehen lassen. Mit Sesam bestreuen.

3 Auf mittlerer Schiene im vorgeheizten Backofen bei 200 °C backen. Nach etwa 20 Minuten herausnehmen und auf einem Kuchenrost auskühlen lassen.

DINKEL-KARTOFFELMEHL-BRÖTCHEN MIT CRANBERRY

feine Süße zum Frühstück

ZUTATEN

Für 10 Stück

Weck-Zylinderglas (600 ml)

250 g Dinkelvollkornmehl

30 g Sojaflocken

100 g Kartoffelmehl

1 EL brauner Zucker

40 g gehackte, getrocknete Cranberrys

2 TL Natron

1 TL Salz

ZUM BACKEN

250 g Magerquark

50 ml Schlagsahne

50 ml Mineralwasser

MATERIAL

Stoff-Sticker, selbstklebend, in Pink-Weiß gepunktet, 6 cm x 22 cm

feiner Baumwoll-Stoffrest in Weiß, 50 cm x 2,5 cm

Buchstaben-Stempelset, 1,2 cm hoch

Stempelkissen in Schwarz

Satinband in Pink, 1,5 cm breit, 14 cm lang

Einfüllen

Dinkelvollkornmehl, Sojaflocken, Kartoffelmehl, Zucker, getrocknete Cranberrys, Natron und Salz nacheinander in das Glas füllen und dabei die einzelnen Zutaten jeweils mit einem Kochlöffel andrücken. Das Glas verschließen und dann verzieren.

Verzieren

1 Den Stoff-Sticker um das Glas kleben und den Stoffstreifen probehalber umbinden. Der Knoten befindet sich an der Seite. Die Position für den Text markieren. Wieder abnehmen, den Text aufstempeln und den Streifen um das Glas binden.

2 Für die Schleife auf dem Deckel ein 10 cm langes Stück Satinband zu einem Ring zusammenkleben und flach drücken. Ein 4 cm langes Stück als Schleifenmitte um den Ring legen und auf der Rückseite festkleben. Die Schleife auf den Deckel kleben.

Backen

1 Die Backmischung mit Quark, Sahne und Wasser zuerst mit einem Kochlöffel, dann mit den Händen zu einem Teig verkneten.

2 Mit feuchten Händen 10 Brötchen formen und auf ein mit Backpapier ausgelegtes Blech setzen.

3 Auf mittlerer Schiene im vorgeheizten Backofen bei 200 °C etwa 15 Minuten backen.

GUTEN APPETIT!

BUCHWEIZEN-AMARANTH-ECKEN

Genießer-Brötchen

ZUTATEN

Für 10 Stück

Weck-Sturzglas (580 ml)

110 g Weizenmehl (Type 550)

20 g Sojaflocken

100 g Buchweizenmehl

20 g Amaranth, gepoppt

1/2 Päckchen Trockenhefe

1 TL Zucker

1/4 TL Salz

ZUM BACKEN

200 ml Wasser

1 EL Rapsöl

MATERIAL

Druckerpapier in Weiß, A4

Gelschreiber in Gold

Schreibpapierrest in Gold

Designkarton in Weiß-Gold gepunktet, 10 cm x 7 cm

Paketband, 80 cm lang

Foldback-Klammer in Gold, 1,5 cm breit

VORLAGE

Seite 61

Einfüllen

Nacheinander 60 g Weizenmehl, Sojaflocken, 50 g Buchweizenmehl, 10 g Amaranth, 50 g Weizenmehl, Hefe, Zucker, Salz, 10 g Amaranth und 50 g Buchweizenmehl in das Glas geben. Dabei die einzelnen Zutaten jeweils mit einem Kochlöffel andrücken. Das Glas verschließen und dann verzieren.

Verzieren

1 Die Textvorlage auf das weiße Papier ausdrucken und den Text mit dem Gelschreiber nachschreiben. Das Textfeld ausschneiden.

2 Das Textfeld auf ein goldfarbenes Papierrechteck (3,7 cm x 5,6 cm) kleben. Mithilfe der Vorlage den Anhänger aus dem Designkarton ausschneiden und das Textfeld aufkleben.

3 Den fertigen Anhänger mit dem Band und der Foldback-Klammer am Glas anbringen.

Backen

1 Die Backmischung mit lauwarmem Wasser und Öl vermischen und mit den Knethaken eines Rührgerätes zu einem Teig verkneten. Diesen gehen lassen, bis er sein Volumen verdoppelt hat.

2 Ein Backblech mit Backpapier belegen. Mit angefeuchteten Händen aus dem Teig 10 Kugeln formen. Diese auf das Blech setzen und etwas lang ziehen, sodass spitz zulaufende Brötchenenden entstehen. Die Brötchen mit einem scharfen Messer der Länge nach einschneiden und erneut gehen lassen.

3 Im vorgeheizten Backofen bei 180 °C auf mittlerer Schiene ca. 25 Minuten backen.

OATMEAL-SCONES

perfekt zur Tea-Time

ZUTATEN

Für 8 Stück

Weck-Delikatessglas (370 ml)

200 g Weizenmehl (Type 405)

30 g Haferflocken, blütenzart

1/2 Päckchen Backpulver

20 g Zucker

1 Prise Salz

ZUM BACKEN

1 Ei

60 g Butter, sehr weich

125 g Vollmilchjoghurt

1 Eigelb

1 EL Wasser

MATERIAL

dünnes Paketband in Natur, ca. 70 cm lang

Buchstaben-Würfelperlen in Bunt, 5 mm x 5 mm x 5 mm

Schreibpapier in Hellgrün, A4

Geschenkanhänger, rund mit Wellenrand, in Weiß, ø 3 cm

Lochzange

VORLAGE

Seite 61

Einfüllen

Mehl, Haferflocken, Backpulver, Zucker und Salz nacheinander in das Glas füllen und dabei die einzelnen Zutaten jeweils mit einem Kochlöffel andrücken. Das Glas verschließen und dann verzieren.

Verzieren

1 Etwa 10 cm von einem Ende entfernt einen doppelten Knoten in das Paketband binden. Dann die Würfelperlen des ersten Wortes einzeln auf das Paketband fädeln und nach jeder Perle einen doppelten Knoten binden. Den Knoten jeweils beim Festziehen dicht an die letzte Perle schieben.

2 Das Paketband probehalber einmal um das Glas legen und die Position für den ersten Buchstaben des zweiten Wortes markieren. An dieser Stelle wieder mit einem doppelten Knoten beginnen und die Perlen im Wechsel mit doppelten Knoten auffädeln.

3 Die Vorlage auf das grüne Schreibpapier drucken, den Kreis ausschneiden und auf den Geschenkanhänger kleben. Das Loch nachstanzen, dann den Anhänger auf das Band auffädeln und um das Glas knoten.

Backen

1 Die Backmischung mit Ei, Butter in Flöckchen und Joghurt verkneten.

2 Teig auf einer gut bemehlten Arbeitsfläche ca. 2,5 cm dick ausrollen und kreisrunde Plätzchen (ø 7 cm) ausstechen und auf ein mit Backpapier ausgelegtes Blech geben.

3 Eigelb mit 1 EL Wasser verrühren. Scones mit Eigelb bestreichen und im auf 180 °C vorgeheizten Backofen auf der mittleren Schiene ca. 15 Minuten backen.

APPETIT!
ATMEAL
SCONES

ERDNUSS-MARMELADEN-SCHNECKEN

mit zartem Safran-Aroma

ZUTATEN

Für 10 Stück

Weck-Delikatessglas (370 ml)

Miniglas für Marmelade (160 ml)

190 g Weizemehl (Type 405)

25 g gehackte Erdnüsse

1/2 Päckchen Trockenhefe

1 Messerspitze Safran

30 g Zucker

1 Prise Salz

ZUM BACKEN

1 Ei

25 g Erdnussbutter

100 ml Milch

30 g Erdbeermarmelade

MATERIAL

Tonkartonrest in Weiß-Rosa-Grün gepunktet, Rosa und Grün

doppelseitiges Klebeband

Buchstabenstempelset, 1,2 cm hoch

Stempelkissen in Schwarz

Abstandsklebepads, 2 mm stark

Bakers Twine in Rosa-Weiß

2 Mini-Wäscheklammern aus Holz, 3 cm lang

VORLAGE

Seite 61

Einfüllen

Mehl, Erdnüsse, Hefe, Safran, Zucker und Salz nacheinander in das Glas füllen und dabei die einzelnen Zutaten jeweils mit einem Kochlöffel andrücken. Das Glas verschließen und dann verzieren.

Die Marmelade in ein seperates Glas füllen.

Verzieren

1 Die Erdbeeren und das Grün mithilfe der Vorlage ausschneiden. Die große Erdbeere auf den rosa Tonkarton kleben und mit einem 2–3 mm breiten Rand ausschneiden. Das Grün aufkleben.

2 Den Text auf den rosa Tonkarton stempeln. Ausschneiden und auf die Erdbeere kleben. Dabei darf der Text gerne an den Seiten überstehen.

3 Für den Deckel einen Kreis mit ø 6,5 cm aus dem gepunkteten Tonkarton ausschneiden. Eine kleine Erdbeere mit Abstandsklebepads aufkleben und den Kreis auf den Glasdeckel kleben.

4 Das Bakers Twine um das große Glas knoten und die große Erdbeere mit der Wäscheklammer aufhängen. Die kleine Erdbeere ebenso am Marmeladeglas anbringen.

Backen

1 Die Backmischung mit Ei, Erdnussbutter und lauwarmer Milch verkneten. Zugedeckt an einem warmen Ort gehen lassen, bis sich das Volumen verdoppelt hat.

2 Teig nochmals gut durchkneten und auf einer bemehlten Arbeitsfläche zur Rolle formen. In 10 Stücke schneiden und zu fingerdicken, ca. 15 cm langen Strängen formen. Die Enden leicht zu einer Schnecke eindrehen.

3 Auf ein mit Backpapier ausgelegtes Backblech legen. Zugedeckt an einem warmen Ort nochmals ca. 15 Minuten gehen lassen. Marmelade in die die Mulden setzen.

4 Im auf 200 °C vorgeheizten Backofen ca. 15 Minuten backen.

ZWIEBEL-HASELNUSS-STANGEN

herzhaft-würziger Geschmack

ZUTATEN

Für 10 Stück

Weck-Saftflasche (1 l)

150 g Roggenmehl (Type 1150)

50 g Röstzwiebeln

300 g Weizenmehl (Type 550)

100 g Roggenvollkornmehl

1/2 Päckchen Trockenhefe

1 TL Zucker

1 TL Salz

15 g getrockneter Sauerteigextrakt

50 g Haselnusskerne

ZUM BACKEN

350 ml Wasser

MATERIAL

Papierrest in Weiß-Gold-Silber marmoriert

Schreibpapierrest in Gold

Gelschreiber in Weiß

Abstandsklebeband, 2 mm stark

Schreibpapier in Silber, A4

VORLAGE

Seite 61

Einfüllen

Nacheinander 150 g Roggenmehl, 25 g Zwiebeln, 150 g Weizenmehl, 25 g Zwiebeln, 100 g Roggenvollkornmehl, 150 g Weizenmehl, Hefe, Zucker, Salz, Sauerteigextrakt und Haselnüsse in das Glas geben. Dabei die einzelnen Zutaten jeweils mit einem Kochlöffel andrücken. Das Glas verschließen und dann verzieren.

Verzieren

1. Das Herz mithilfe der Vorlage aus dem marmorierten Papier zuschneiden, auf goldfarbenes Papier aufkleben und mit einem 2 mm breiten Rand nochmals ausschneiden.
2. Aus dem goldfarbenen Papier 1 cm breite Streifen zuschneiden, mit dem Namen des Brotes beschriften und mit Abstandsklebeband auf das Herz kleben.
3. Von dem silberfarbenen Schreibpapier einen 29,7 cm langen und 1,5 cm breiten Streifen abschneiden und um das Glas kleben. Das Herz auf dem Streifen mit Klebstoff fixieren.

Backen

1. Die Backmischung mit lauwarmem Wasser zu einem Teig verkneten. Diesen gehen lassen, bis er sein Volumen verdoppelt hat.
2. Ein Backblech mit Backpapier belegen. Mit angefeuchteten Händen aus dem Teig 10 Stangen formen und mehrmals um die eigene Achse drehen. Diese auf ein mit Backpapier ausgelegtes Blech setzen und erneut gehen lassen.
3. Im vorgeheitzten Backofen bei 200 °C auf mittlerer Schiene ca. 25 Minuten backen.

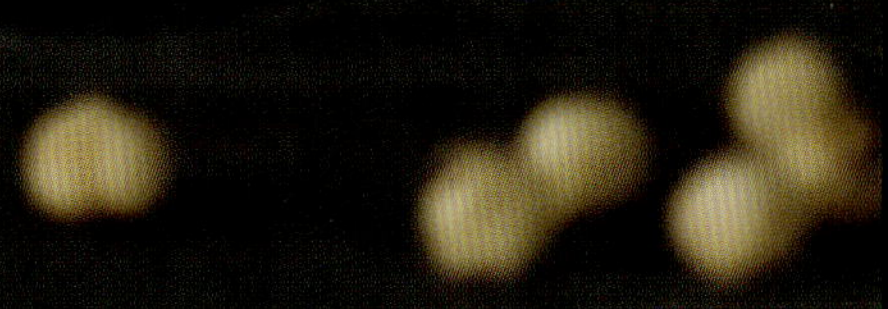

Buchempfehlungen für Sie

TOPP 8015

ISBN 978-3-7724-8015-7

TOPP 8041

ISBN 978-3-7724-8041-6

TOPP 8044

ISBN 978-3-7724-8044-7

TOPP 8035

ISBN 978-3-7724-8035-5

TOPP 8045

ISBN 978-3-7724-8045-4

TOPP 8036

ISBN 978-3-7724-8036-2

TOPP 8018

ISBN 978-3-7724-8018-8

TOPP 8034

ISBN 978-3-7724-8034-8

TOPP 8040

ISBN 978-3-7724-8040-9

TOPP 8043

ISBN 978-3-7724-8043-0

TOPP 8042

ISBN 978-3-7724-8042-2

TOPP 8038

ISBN 978-3-7724-8038-6

Kreativ-Bücher finden Sie auf www.TOPP-kreativ.de

Weitere Ideen zum Selbermachen gesucht?

Lieblingsstücke von einfach bis einfach genial finden Sie bei TOPP! Lassen Sie sich auf unserer Verlagswebsite, per Newsletter oder in den sozialen Netzwerken von unserer Vielfalt inspirieren!

Website

Verlockend: Welcher Kreativratgeber soll es für Sie sein? Schauen Sie doch auf **www.TOPP-kreativ.de** vorbei & stöbern Sie durch die neusten Hits der Saison!

TOPP-Autoren

Sie wollen wissen, wer die „Macher" unserer Bücher sind? Wer Ihnen nützliche Tipps & Tricks gibt? Auf **www.TOPP-kreativ.de/Autor** warten jede Menge spannender Infos zum jeweiligen Autor auf Sie. Finden Sie heraus, welches Gesicht hinter Ihrem Lieblingsbuch steckt!

Facebook

Werden Sie Teil unserer Community & erhalten Sie brandaktuelle Informationen rund ums Handarbeiten auf **www.Facebook.com/Mitstrickzentrale**
Wer sich für Basteln, Bauen, Verzieren & Dekorieren interessiert, ist auf **www.Facebook.com/Bastelzentrale** genau richtig!

Pinterest

Sie sind auf der Jagd nach den neusten Trends? Sie suchen die besten Kniffe? Die schönsten DIY-Ideen? All' das & noch vieles mehr gibt es von TOPP auf **www.Pinterest.com/Frechverlag**

Newsletter

Bunt, fröhlich & überraschend: Das ist der TOPP-Newsletter! Melden Sie sich unter: **www.TOPP-kreativ.de/Newsletter** an & wir halten Sie regelmäßig mit Tipps & Inspirationen über Ihr Lieblingshobby auf dem Laufenden!

Extras zum Download in der Digitalen Bibliothek

Viele unserer Bücher enthalten digitale Extras: Tutorial-Videos, Vorlagen zum Downloaden, Printables & vieles mehr. Dieses Buch auch? Dann schauen Sie im Impressum des Buches nach. Sofern ein Freischaltcode dort abgebildet ist, geben Sie diesen unter **www.TOPP-kreativ.de/DigiBib** ein. Nach erfolgreicher Registrierung erhalten Sie Zugang zur digitalen Bibliothek & können sofort loslegen.

YouTube

Sie wollen eine ganz neue Technik ausprobieren? Sie arbeiten an einem spannenden Projekt, aber wissen nicht weiter? Unsere Tutorials, Werbetrailer, Interviews & Making Of's auf **www.YouTube.com/Frechverlag** helfen Ihnen garantiert dabei, den passenden Ratgeber von TOPP zu finden.

Instagram

Sie sind auf Instagram unterwegs? Super, TOPP auch. Folgen Sie uns! Sie finden uns auf **www.Instagram.com/Frechverlag**
Möchten Sie uns an Ihrem Lieblingsprojekt teilhaben lassen? Am besten posten Sie gleich ein Foto mit dem Hashtag **#frechverlag** & wir stellen Ihr Werk gerne unserer Community vor – yeah!

Alles in einer Hand gibt's hier:

Kreativ-Bücher finden Sie auf www.TOPP-kreativ.de

DiE AUTORiNNEN

Anne Iburg ist Autorin mehrerer Kochbücher und Ernährungsratgeber. Sie studierte an der Universität Bonn Oecotrophologie und arbeitete in einem Kochstudio und in einem Ratgeberverlag, bevor sie sich vor mehr als zehn Jahren selbständig machte. Heute lebt sie mit ihrer Familie in Kaiserslautern und kocht und backt für ihr Leben gerne.

Susanne Pypke arbeitet als freie Lektorin und Kreativ-Autorin im Stuttgarter Westen. Ihre Leidenschaft für das Selbermachen hat sie schon früh entdeckt. Nichts war schöner, als an Regentagen zu basteln, in Mamas Nähkästchen zu kramen oder die Gerätschaften in Papas Werkstatt auszuprobieren. Ihr Können setzt sie bis heute in zahlreichen DIY-Projekten um. Ein kleiner Ausschnitt davon ist auf ihrem Kreativblog fraeuleinfloh.blogspot.de zu sehen.

DANKE!
WIR DANKEN DER FIRMA WECK FÜR DIE FREUNDLICHE BEREITSTELLUNG DER GLÄSER.

iMPRESSUM

FOTOS: frechverlag GmbH, 70499 Stuttgart; lichtpunkt, Michael Ruder, Stuttgart
PRODUKTMANAGEMENT: Mirjam Buchwald
LEKTORAT: Jan Zlotos und Juliane Voorgang
REZEPTE: Anne Iburg
VERZIERUNGEN: Susanne Pypke
HERSTELLUNG: Katrin Röhlig
SATZ: Fotosatz H. Buck, Kumhausen
DRUCK UND BINDUNG: Finidr s.r.o., Tschechische Republik

Download-Code zum Freischalten der Vorlagen: 17312

1. AUFLAGE 2017

ISBN 978-3-7724-8039-3 • BEST.-NR. 8039